KB221050

불타의 진실한 가르침

대한불교조계종
본원정토회 서원사

『불타의 진실한 가르침』을 출판하면서…

어느 날 열반하신 효란스님의 서재를 정리하다 발견한 작자 미상의 조그마한 소책자를 읽고 큰스님께 들었던 법문들이 떠올랐습니다.(아마도 큰스님이 만들려고 하셨던 책이 아닐까 생각합니다) 자신의 지식이나 경험이 아닌 본원本願에 의지하여 수행하라던 큰스님의 가르침이 그대로 녹아 있는 것 같아 반가움과 함께 다른 사람들에게도 전해야겠다는 생각으로 내용을 정리하고 보완하여 출판을 하게 되었습니다. 많은 분들이 이 책을 읽고 진실한 석존의 가르침을 얻어, 아미타여래의 본원 속에서 행복한 삶을 살아가길 진심으로 기원합니다.

이 책의 요점을 간단히 정리하면, 석존의 45년간의 가르침은 아미타여래의 본원에 있고, 그 본원에 의해 모든 중생들이 차별 없이 빠르고 쉽게 부처가 될 수 있으며, 그 방법에는 신심결정과 칭명염불에 있다는 것입니다.
그러한 내용은 무량수경에도 잘 설해져 있는데, 법장 비구가 세운 제18원(십념왕생원)과 중생들의 왕생의 인과를 설한 본원성취문이 그 것입니다.

〈본원문〉

「設我得佛 十方衆生 至心信樂欲生我國 乃至十念 若不生者 不取正覺 唯除五逆誹謗正法.
만약 제가 부처가 될 적에 시방세계의 사람들이 진심으로 믿고 원하면서 반드시 정토에 왕생할 수 있다는 편한 마음으로 내지乃至 십념十念 하여 정토에 태어나지 못한다면 저는 차라리 부처가 되지 않겠습니다. 그러나 오역죄를 범한 자와 정법을 비방한 자는 제외합니다.」

〈본원성취문〉

「諸有衆生 聞其名號 信心歡喜 乃至一念 至心廻向 願生彼

國 卽得往生 住不退轉 唯除五逆 誹謗正法.
어떠한 중생이라도 그 명호의 유래를 듣고 신심 · 환희 할 때 나오는 그 일념은 부처님의 진실한 마음을 회향하여 주신 것이기에, 정토에 태어나고자 원하면 즉시 왕생이 결정되며 그대로 불퇴전의 자리에 머물게 되는 것이다. 그러나 오역죄를 범한 자와 정법을 비난한 자는 제외한다.」

여기서 두 문장을 비교해보면, 본원문은 법장 비구가 세운 서원으로 왕생의 방법과 시기가 정확하지 않아 혼동하기 쉽고, 석존이 말씀하신 본원성취문에는 그 방법과 시기가 정확히 표현되어 있어 이해하기 쉽다고 할 수 있습니다. 그래서 본원성취문을 정확히 이해하는 것이 매우 중요합니다.

본원성취문 중에 가장 중요한 문장은 「문기명호(聞其名號)」입니다. 그 뜻은 아미타불이 명호를 만들기 위해 무엇을 어떻게 하였으며, 그 명호가 우리를 어떻게 구제하는지를 이해하고 의심하지 않는 것으로, 그 명호의 유래는 다음과 같습니다. 중생들 스스로의 힘으로는 결코 미혹의 세상에서 벗어날 수 없음을 안타까워하신 법장 비구가, 210억의 불국토를 보고 훌륭한 행은 취하고 열등한 행은 버리신 후, 5겁의 긴 시간을 사유한 끝에 48대원을 세우시고 바로 조재영겁이라는 긴 시간을 수행하시어 극락정토와 명호를 만드십니다. 그리고 그 명호로 중생을 구제하시는 데, 그 명호가 여래의 본원이며 여래의 마음인 것입니다.

그런 명호를 그대로 받아들일 때 우리의 마음이 바로 여래의 마음으로 가득 차는데 그것을 신심이라 하며 그 신심은 여래가 회향하여 주신 것으로 그 마음이 나를 염불하게 만들어 왕생할 수 있게 하는 것입니다. 또한 이때 바로 불퇴전의 자리를 얻게 되며 왕생이 결정이 되는 것으로, 죽을 때가 아니라 살아서 결정될 수 있음과 왕생의 정인은 염불이 아니라 부처님의 본원을 의심하지 않고 받아들이는 신심에 있음을 설하신 것이기에 본원성취문이 매우 중요하다고 할 수 있습니다.

또한 신라의 원효스님도 『무량수경종요』에서 정토왕생의 직접적인 조건을 발보리심으로, 십념(칭명)과 모든 공덕은 간접적인 조건으로 보았는데, 왕생의 근본적인 원인은 여래의 본원력에 의해서만이 가능하다고 하셨습니다. 또 여래의 본원력을 믿는 것이 발보리심이고 그 발보리심은 신심과 같다고 하시면서 여래의 본원력을 믿지 않으면 왕생은 불가능하다고 하셨는데 이것 또한 신심의 중요함을 설하신 것이라 하겠습니다.

즉 정토신앙에서 말하는 신심은 본원력(타력)에 의해 생기는 것으로 어떻게 하면 여래의 마음(신심)을 있는 그대로 받아들이느냐가 정토신앙에서는 매우 중요합니다. 왜 타력염불을 하려고 하는지 왜 타력(연기)적인 삶을 살라고 하는지 왜 타력을 강조하는지 조금만 생각해보면 누구나 쉽게 알 수 있을 것이라 생각합니다.

마지막으로 김호성 교수의 글을 소개하며 마무리 할까 합니다.
『아미타불의 본원을 말하면서 그 본원에 대한 믿음 내지 응답으로서 「나무아미타불」 염불이 행해지는 것이다. 그렇게 나 밖의 부처의 존재를 내세우고서, 나를 비워가면서 그 부처에게 의지함으로써 나 자신의 구원을 얻고자 하는 태도를 「타력」이라 말하는 것이다. 반면 「자력」은 내 마음 밖에 부처를 세우지 않는다. 내 마음 밖에 존재하는 것은, 그것이 부처든 조사든 죽여야 한다. 부처와 조사를 죽일 때 비로소 부처도 될 수 있고 조사도 될 수 있기 때문이다. 』(〈정토불교 성립론〉 중에서)

나무아미타불!
정토사문 성진 합장

목 차

成佛是果
念佛是因

北京佛教文化研究所 北京广化寺监制 佛历二五四七年七月

제1화 인간사막의 안내자

1. 행복의 문

우리는 오늘도 행복을 좇으면서 살아갑니다. 당신은 그 행복을 다른 사람과 비교하며 느끼려 하지 않는지요? 가령 옷을 세 벌 가진 사람은 한 벌밖에 없는 사람과 비교하며 만족해하고 행복을 느낄지 모릅니다. 그러나 새 옷을 다섯 벌이나 가지고 있는 사람이 나타난다면 지금까지 느꼈던 만족감은 곧 사라지게 될 것입니다. 다른 사람과의 비교로 행복을 느끼려고 한다면 자기보다 못한 사람이 있어야만 가능하므로 다른 사람과의 경쟁을 통해 그들을 넘어서야 합니다. 만약 그것이 자신이 없는 사람이라면 다른 사람의 실수나 불행으로 자기보다 뒤떨어지게 되는 것을 바라게 될 것입니다.

혹시 당신은 물질이나 권위에서 행복을 찾고 있지는 않은가요? 그 중에서도 누구나 갖기를 바라는 것은 돈일 것입니다. 많은 사람들은 돈의 많고 적음으로써 사람의 행복의 크기가 결정된다고 믿고 있습니다.

과학과 문명의 발전으로 편리한 삶을 살아가는 현대에서 인간의 불안과 고독이 점점 증대하는 원인은 바로 여기에 있을지도 모릅니다. 즉 행복을 비교하는 것에서 찾으려 하거나 소유하는 것에 집착하기 때문이 아닐까요? 그러면 행복은 이러한 비교나 소유에서밖에 찾을 수 없는 것일까요? 다행히도 여기에 또 하나의, 아니 더욱 귀중한 행복의 문이 우리 인생 앞에 열려있습니다. 우리는 지금 이 문에 들어서려 합니다.

잠깐 우리의 눈을 창밖으로 돌려봅시다. 거기에 무엇이 보입니까? 꽉 들어선 집들인가요? 아니면 시원스러운 자연의 경관인가요? 아니면 집들의 불빛인가요? 우리의 눈에 익은 풍경일지라도 때에 따라 다르게 눈에 비친 경험을 해봤을 것입니다.

차로를 달리는 자동차들의 행렬이 어느 때는 우울하고 고통스럽게 눈에 비치기도 하고 때로는 이 문명사회가 이룩해 놓은 소중한 업적으로 비치기도 합니다. 이것은 당신이 가지고 있는 「인생을 보는 눈」이 그때그때의 기분에 따라 흔들리는 불안정한 눈에 지나지 않음을 보여주는 것입니다.

우리의 인생은 여러 사람들이 모여서 만드는 작품이라고 할 것입니다. 눈부신 원색의 디자인도 있고 회색의 바탕도 있을 것입니다. 또 소란스러운 때도 있을 것이고 기분 나쁠 정도로 침묵하는 때도 있을 것입니다. 그러나 얼핏 보기에는 붙잡을 수 없을 것 같은 인생도 확실한 눈과 귀를 가진 이에게는 훌륭한 도안을 만들어 낼 것이고 시끄러운 잡음 속에서도 당신이 듣지 않으면 안 될 화음이 들려올 것입니다. 이러한 인생을 보는 확실한 눈이나 귀를 통틀어서 「진실한 지혜」라고 말합니다. 불교는 바로 이러한 지혜를 기르는 가르침입니다.

2. 지워지지 않는 문자

보는 눈을 만들어도 그저 멀끔하게 보고만 있어서는 진실한 지혜라 할 수 없으며, 또한 그 지혜에 따라 행동하지 않는다면 아무런 의미가 없습니다.

바쁘게 살아가야 하는 현대인의 일정을 관리하기 위해서 직장이나 가정에 일정을 관리하는 칠판을 걸어두는 경우가 있습니다. 그 일정칠판에 꽉 적어놓은 예정된 일정을 당신은 착실하게 잘 지키고 있는지요? 아니면 그 일정에 정신없이 숨가쁘게 쫓기어 초조해하면서 지내고 있지는 않는지요? 하루의 일과를 마치고 적어 놓았던 일정을 지울 때, 당신은 만족과 감사 속에서 지우고 계시는지요? 만족은커녕 말 못할 공허함에 휩싸인 적은 없는지요? 억지로 지우려 해도 지워지지 않는 이 공허함은 도대체 어디에서 오는 것일까요? 한번 곰곰이 생각해 볼 필요가 있습니다.

우리들은 각자의 인생에서 과연 무엇을 남길 수가 있을까요? 보람 있는 일을 하고 만족해 하는 이도 있을 것입니다. 그러나 대다수의 많은 사람들이 남기는 것은 뻔한 것들입니다. 몇 가지를 제외하고 거의 모든 일들은 칭찬을 받거나 비난을 받는 등 소소하고 일시적인 것이고 결국은 짧은 시간에 잊히는 그런 것들일 것입니다.

또 대부분의 사람들은 더 나은 삶을 살기 위하여 돈벌이에 몰두하고 있습니다. 돈은 꼭 필요한 것임에는 틀림없지만 돈만 있으면 행복하고 또 그 돈이 인생의 목표가 되어야 한다고 단정할 수 있을까요? 설마 당신은 재물을 모아 부자가 되는 것을 유일의 자랑으로 삼으려는 사람은 아니겠지요? 이런 생각을 하다보면 보다 확실하고 명확한 것을 남겨야겠다는 생각이 들지는 않으신지요? 매일 일정칠판에 적는 그 글자의 밑바닥에 평생 지워지지 않는 훌륭한 글을 남기고 싶다는 생각이 들 것입니다. 어떤 글을 적을 것인가는 지금부터 함께 생각해 나가면 알게 될 것입니다.

진실한 가르침이란 우리의 삶속에서 확실히 「의지할 곳」을 당신에게 찾아주는 것입니다.

3. 인간사막의 안내자

사막의 대상(隊商)이 먼 여행길을 출발하면서 길 안내자를 구해왔습니다. 그들은 그 안내자의 지시에 따라서 험한 산길을 넘고 위험한 정글도 지나고 끝없이 긴 사막에 들어섰습니다. 사막의 여행이란 그야말로 단조로움과 갈증과의 싸움입니다. 며칠 지나서 대상들은 안내자를 욕하기 시작합니다. 짐도 지지 않고 낙타도 돌보지 않으면서 목적지가 어디냐고 물으면 저쪽 서방으로 가기만 하면 된다고 답하는 안내자를 견디지 못한 대상들은 물도 나누어주는 것도 아끼고 결국은 그를 쫓아버리고 맙니다.

그런데 아무 일도 하지 않는 것 같이 보였던 안내자는 실은 이른 새벽 해뜨기 전에 일어나서 별자리로 일행이 있는 위치를 확인하고 그날 행진

할 방향을 정해놓고 있었던 것입니다. 이런 안내자를 내쫒은 결과 스스로의 위치와 방향을 잃어버리고 만 대상 일행은 사막 가운데서 죽음의 방황을 계속할 수밖에 없는 처지가 된 것입니다.

당신은 인생의 안내자와 함께하고 있습니까? 현대 인간사막을 여행하려면 반드시 확실한 안내자가 있어야 하지 않겠습니까? 그 안내자가 바로 석가모니세존이시며 당신도 꼭 만나뵈어야 할 분입니다.

어떤 사람이 억만금의 재물과 보화를 가지고
모든 보살과 중생에게 모두 베푼다면
그 얻는 복이 비록 무량하기는 하겠지만,
이 또한 어떤 사람이 다른 사람에게
한번 아미타불을 소리 내어 외우도록 권한 공덕만 못하리라.
— 현호경賢護經

제2화 석가모니세존

1. 석존의 탄생

북인도 멀리 대설산 히말라야의 설봉을 바라보는 고원에 석가(釋迦)족이라는 기품과 용기를 갖춘 종족이 「카피라성」을 중심으로 작은 나라를 이루고 있었습니다. 성주는 「숫도다나(정반왕)」라고 하였는데 그의 왕비 「마야」부인은 그곳의 풍습에 따라서 출산을 위하여 친정으로 가고 있었습니다. 북인도의 늦은 봄, 활짝 핀 여러 가지 꽃들은 산야를 물들이고 있었는데 그중에 「룸비니」 꽃동산은 많은 사람들의 눈길을 빼앗을 정도로 아름다웠습니다.

때는 기원전 6세기 중간 4월 8일 마야부인 일행은 잠깐 동안 이 룸비니동산에서 휴식하게 되었고, 부인이 일어나 무우과(無憂果)의 가지에 손을

대려는 순간에 옥동자를 출산하였습니다. 이 왕자의 이름은 「싯달다(悉達多)」라고 하며 「고타마」라는 성을 붙여 「고타마 싯달다」라고 부르고 있습니다.

경전에 의하면 싯달다는 출생하자 곧 「천상천하유아독존(天上天下唯我獨尊), 삼계는 모두 고통이다. 내가 마땅히 이를 편안히 하리라」고 하였고, 하늘은 감동하여 감로의 비를 내렸다고 표현하고 있습니다. 아무도 자신의 출생 때의 일을 기억하는 사람은 없습니다. 보통은 사리를 분별할 때쯤 되어 어머니를 통하여 그때의 일을 알 수 있겠지만, 출생 후 7일째에 어머니를 잃은 싯달다는 자신의 출생 때의 이야기를 들을 수 없었습니다.

탄생에 관한 여러 이야기들은 뒷날 불전결집 때 창작된 것일지 모르지만 이 위대한 성자(聖者)의 탄생을 말할 때에 적합한 이야기가 아닐까 생각됩니다. 일곱 발자국에서 여섯 발자국은 지옥, 아귀, 축생, 수라, 인간, 천상의 육도(六道)를 나타내며, 일곱 걸음을 걸었다는 것은 이 미혹의 세상인 육도를 넘어서서 깨달음의 세계로 들어선 것을 상징적으로 나타내는 것으로 해석합니다. **때문에 우리는 4월 초파일을 공휴일로 지정하고 인류 최대의 경사로 새기고 있는 것입니다.**

2. 출가(出家)

왕자 싯달다는 일찍부터 학문이나 무예가 매우 뛰어나 부왕이나 국민으로부터 많은 기대와 희망을 받고 있었습니다. 소년시절 작은 새에게 쪼이는 벌레가 몸부림치며 괴로워하는 것을 보았고 다시 그 작은 새가 사나운 매에게 먹이로 잡혀 먹히는 것을 보았습니다. 이러한 살아있는 것들이 서로 죽이고 먹히는 광경을 보고서는 깊은 시름에 잠겼다고 합니다. 이렇듯이 감정이 풍부한 싯달다 소년의 마음을 달래고자 부왕은 화려한 궁중생활을 마련하고, 성인이 되자 아름다운 야소다라공주를 아내로 맞이하게 하였지만 태자는 겉보기에 화려한 생활 속에서 오히려 깊은 시름에 잠기는 나날을 보냈다고 합니다.

그러던 중 태자는 성 밖의 시찰을 위해 카피라성

동문(東門)을 나서게 됩니다. 그곳에서 태자는 야윈 한 노인을 보게 되는데 나도 저와 같이 늙어가지 않으면 안 되는 것인가 하는 생각에 마음이 어두워졌습니다. 또 남문(南門)에선 병자를, 서문(西門)에서는 비통해 하는 장례의 행렬을 보고 인생이 무상하고 괴롭다는 것을 느끼게 됩니다. 그리고 마지막으로 북문(北門)에서 수도자를 만나 그 성스러운 모습에 마음을 빼앗긴 싯달다는 출가를 결심하게 됩니다.

야쇼다라 공주와의 사이에 아들이 출생하였을 때는 자신의 구도(求道)에 방해가 되었다며 그 아이의 이름을 라훌라라고 지었는데 그 뜻은 「다리 위의 돌」이라고 하며 수행에 방해됨을 의미한다고 합니다.

이러한 가운데 구도(求道)의 뜻이 점점 강해진 태자는 29세가 되어 지위와 가족에 대한 애착을 모두 털어버리고 수행을 위하여 출가를 하게 됩니다.

3. 성도(成道)

태자의 옷을 버리고 수행자가 된 싯달다는 남쪽에 있는 마가다왕국의 도읍지인 「라쟈가하(왕사성)」의 숲속에 들어가게 됩니다. 이곳 왕사성은 광막한 평원으로 이어진 인도에서 유일하게 산맥사이에 화산분지로 되어있던 곳으로 인도 각지에서 온 자유사상가들이 많이 모여 수행하는 곳이었습니다.

싯달다는 그곳에서 여러 수행자와 스승들을 찾아다니며 가르침을 청하였지만 그 어느 가르침도 만족스러운 것이 없음을 깨닫고 독자적으로 진리를 얻으려고 우루벨라 마을에 있는 고행의 숲에 들어가 철저한 고행을 시작합니다. 때로는 단식을 하며 고행을 하다 쓰러져 의식을 잃기도 하여 사망하였다는 잘못된 소식이 부왕

(父王)에게 전해지기도 하였습니다.

6년 동안 고행을 계속하였지만 신심(身心)만 쇠퇴하고 이 상태로는 도저히 깨달음을 얻을 수 없음을 안 싯달다는 산에서 내려와 네란자라강에서 몸을 깨끗이 씻고 그곳 촌장의 딸 수자타(Sujata)가 공양하는 우유죽으로 체력을 회복하였습니다.

새로운 용기를 얻은 싯달다는 가야마을 교외에 있는 큰 보리수 아래서 정좌(定座)하고 깨달음을 얻기까지는 결코 이 자리에서 일어나지 않겠다는 굳은 다짐과 함께 명상에 들어갔습니다. 그때까지 고행을 같이 해왔던 카피라성에서부터 같이한 다섯 명의 수행자들은 이러한 광경을 보고 싯달다가 타락하였다고 생각해 그를 버리고 모두 그곳을 떠나버렸습니다.

싯달다의 성도의 때가 가까워지자 마왕(魔王)은 공중에서 화염에 싸인 칼을 들고 위협하기도 하고 또는 요염한 미녀의 모습으로 유혹하면서 성도(成道)를 방해하기위해 온갖 방법을 다했습니다. 그러나 마왕의 모습을 나타내는 외부로부터의 위협도, 내부로부터의 번뇌도 모두 이겨내어 12월 8일 새벽녘 명성(明星)의 빛이 번쩍일 때 생 · 노 · 병 · 사의 고뇌의 근원인 무명을 깨뜨리고 완전한 진리의 길을 깨닫게 되는 대각을 열었습니다.

이때가 싯달다의 나이 35세로 그 이후 석가족의 성자라는 뜻으로 석가모니세존(약칭 세존)이라고 불리기도 하고 각자(覺者)란 뜻으로 불타(佛陀)라고도 부르게 되었습니다. 「사람은 그 출생에 의해서 성자가 되는 것이 아니다. 그 행위에 의해서 성자(聖子)가 되는 것이다」라고 말씀하셨는데, 지금 우리들이 석가모니세존이라고 우러러 받드는 것은 그의 깨달음의 내용과 행위의 존귀함에 의한 것임을 알아야 할 것입니다.

4. 전도(傳道)

석존께서 성도하신 후 잠시 동안 보리수 아래에 계시면서 깨달음의 기쁨을 되새기고 계셨습니다. 단 하나의 원리를 발견해도 그 기쁨에 맨발로 거리를 뛰쳐나가 기뻐했다는 학자가 있었을 정도였는데 하물며 만법을 깨우친 석존의 기쁨이야 얼마나 큰 것이었겠습니까?

원래 석존은 자애와 위엄으로 충만한 용자단려(容姿端麗)한 분이었지만 이때 환희에 찬 존귀한 모습을 후세의 예술가들은 광명으로 나타내기도 하고 혹은 32상등의 불상조각(佛像彫刻)의 유형으로 나타내기도 하였습니다.

얼마쯤 뒤에 석존께서는 그 불법을 사람들에게 전하기 위해 자리에서 일어나셔서 첫 대상으로 이제까지 고락을 같이한 다섯 명의 수행자를 택하셨습니다. 그들은 「가야촌」에서 200Km 이상이나 떨어진 「베나레스」 교외의 「미가다야(녹야원)」에서 전과 다름없이 고행을 계속하고 있었습니다. 석존이 그들을 찾아 갔지만 다섯 명의 수행자는 석존을 보고 도(道)를 버린 사람의 말은 결코 듣지 않겠다고 다짐했습니다. 그러나 신념에 찬 석존의 설법에 점차로 귀를 기울이고 드디어는 그의 최초의 제자가 되었습니다. 이 역사적인 설법을 초전법륜(初傳法輪)이라고 하며, 이때 비로소 불·법·승의 삼보(三寶)가 갖추어진 것입니다.

여기서 말한 승은 상가(Sanggha·僧家)의 약자로서 석존을 중심으로 하는 제자들의 집단을 뜻합니다. 석존은 인도사회에 뿌리 깊이 박혀있던 신분계급제도가 불교 속으로 스며들지 않도록 깊이 고려하여 모든 사람이 평등하게 화합할 수 있도록 하셨습니다. 석존은 때와 상대에 따라 진실의 법을 미묘하고 알기 쉽게 여러 가지의 비유를 들어가면서 설법하며 전도의 여행을 계속하셨습니다.

어느 때는 마가다국의 왕사성에서, 어느 때는 사위국의 기원정사에서, 또 어느 때는 가난한 신자의 집을 방문하여 교화를 계속하였습니다. 그런 석존을 마음속 깊이 존경하며 스승으로 받드는 사람들이 모였는데, 그들은 모든 계층을 뛰어넘고 또 국경을 넘어 교단이 성립되었던 것입니다.

대체로 위대한 선각자들이나 천재는 세상에 잘 받아들여지지 않아 비극의 생애를 보내는 일이 많았지만 석존의 경우는 예외였습니다. 때로는 적이 된 사람도 있었지만 그 미움도 석존의 원만한 인격 앞에서는 자연히 누그러지고 모르는 사이에 귀의자가 되어 버렸습니다.

이 중에서도 최대의 사건은 석존의 사촌동생 「데바달다(提婆達多, 조달調達)」가 석존을 밀어내고 교

단의 주도권을 빼앗기 위해 반역한 일입니다. 「데바달다」는 마가다국의 「야쟈타샷쯔(아자세 왕자)」를 충동해서 그의 부왕 「빈바사라 왕」을 살해하고 모후인 「위제희」부인을 밀실에 유폐해서 나라의 실권을 쥐게 하여 그 힘을 빌어서 정신계(精神界)의 왕이 되려고 했던 것입니다.

그러나 그 음모는 실패하고 오히려 그것이 기연(奇緣)이 되어 석존은 『관무량수경』을 설하게 되고, 존귀한 염불의 가르침이 이 세상에 드러나게 된 것입니다. **설법을 세상에 전하는 것을 수레바퀴가 구르면서 나아가는 것에 견주어 전법륜(轉法輪)이라고 하는데 석존께서는 그의 생애를 통하여 법의 바퀴를 굴려나가셨던 것입니다.**

5. 열반(涅槃)

80세의 고령이 되신 석존께서는 끊임없이 법륜을 굴리며 「베사리」에서 북쪽을 향하여 전도의 발걸음을 계속하셨습니다. 이 여행은 도중에서 멈추게 되었으므로 목적지가 어디인지는 알 수 없으나 아마도 고향인 「카피라성」이었을지도 모릅니다.

석존은 최후의 여행도중에 병을 얻으셨습니다. 병이 다소 회복되었을 때 언제나 측근에서 시봉하던 아난다는 용기를 내어서 물었습니다. 「세존이시여. 한때는 이대로 돌아가시지나 않나 하고 저는 마음 아팠습니다. 그러나 제자들 중 교단의 통솔자를 선출하여 그에게 비전(祕傳)을 부탁하지도 않으셨기에 돌아가시는 일은 없으리라고 안심을 했습니다.」라고 하니 석존께서는 아난을 타일러 말씀하셨습니다.

「아난아. 이제 새삼 나에게 무엇을 기대한다는 말인가? 나는 이미 모든 진리를 설해 밝히지 않았는가? 아난아. 여래의 설법에는 감추어 두어야 할 비전(祕傳)같은 것은 없느니라.」라고 말씀하시고 다음과 같이 설하셨습니다.

「스스로를 등불로 삼고
스스로를 의지하여야 하며,
다른 것에 의지해서는 아니 되느니라.
법을 등불로 삼고,
법을 의지하는 곳으로 하되
다른 것을 의지하는 곳으로 해서는 아니 되느니라.」

무간수無間修 염불念佛

옛날에 왕중회가 양무위에게 물었다.
"염불을 어떻게 해야만 끊어지지 않습니까?"
"한번 믿고 나서 다시는 의심하지 않는 것이
곧 끊어지지 않게 하는 것이다."

제3화 석존의 가르침

1. 연기(緣起)

석존께서 보리수 아래서 깨달음에 이르시기까지 내면의 과정은 알 수 없으나 49일간의 명상 끝에 연기의 법을 깨달으셨다고 전해집니다. 연기의 법이란 「서로의 연(緣)이 모여 존재하는 것」을 말하는데, 「내가 이 세상에 나오든지 나오지 않든지에 상관없이 이 연기의 법은 상주(常主)한다.」라고 석존자신께서 말씀하신 것처럼 이것은 누구라도 납득하지 않을 수가 없는 기본적인 법칙입니다.

불교의 교리의 근본에 흐르는 것은 이 연기의 사상이므로 불교에서는 어떠한 경우일지라도 연기와 무관한 기적 같은 것은 인정하지 않습니다. 하물며 미신 같은 것은 더욱 인정하지 않습니다. 당면한 문제를 해명하는 데에는 반드시 사물의 이치를 세워서 인과(因果)를 밝혀나가는 것입니다.

「이것이 있기 때문에 저것이 있고,
이것이 없기 때문에 저것이 없다.
이것이 생하기 때문에 저것이 생하고,
이것이 멸하기 때문에 저것이 멸한다.」

이렇게 되풀이하면서 석존은 인간이 짊어지고 있는 고뇌의 원인을 구명(究明)하셨는데, 무명(無明)이야말로 그 원인임을 깨달으시고 그 해결의 길을 자문(自問)하여 밝혀나가셨던 것입니다.

「밝히다」는 것은 「제(諦)」라는 글로써 나타내는데 이것이 종종 잘못 오해되어서 단념(斷念)의 뜻으로 받아들이는 사람도 있으나, 그렇지 않고 명백하게 구명(究明)해서 밝힌다는 뜻인 것입니다.

깨달으신 후 녹야원에서 최초로 하신 설법은 중도(中道), 사성제(四聖諦), 팔정도(八正道)의 가르침이었습니다. 먼저 석존께서는 쾌락을 추구하는 것의 어리석음을 설하시고 또 반대로 극단적인 고행의 무익함을 설하시면서 이들 양극단에 사로잡히는 것을 배척하여 바르게 수행하도록 중도를 설하신 것입니다.

2. 고제(苦諦) - 인생의 실상

석존의 가르침은 먼저 있는 그대로(如實)의 인생을 보는 것으로부터 출발합니다. 얼핏 보기에 외견상으로는 화려하게 보일지라도 인생은 고(苦)임을 실감할 수 있습니다.

생・노・병・사의 사고(四苦)에, 사랑하는 사람과 이별하지 않으면 안 될 고통(애별리고愛別離苦), 미운 사람과 만나지 않으면 안 되는 고통(원증회고怨憎回苦), 바라는 것을 얻을 수 없는 고통(구부득고求不得苦), 인간으로 생존하기 위해 발생하는 모든 고통(오음성고五陰盛苦)을 합해서 팔고(八苦)라고 하는데, 이것은 오늘날까지도 아직 해결되지 않은 영원한 고통으로서 우리를 괴롭히는 것입니다.

이 고제(苦諦)는 인생을 보는 어떤 하나의 견지에

서가 아니라 아무리 안 보려고 눈을 가리더라도 감추어 질 수 없는 인생의 실상 바로 그것입니다. 왜냐하면 설령 기쁨의 한때를 가졌어도 그것은 계속되지 아니하고 희망적인 견해를 세워보아도 결국은 뜻대로 되지 않는 것이 인생이기 때문입니다.

3. 집제(集諦) - 고뇌(苦惱)의 원인

병을 고치려면 병의 원인을 바로 알아서 적절한 치료를 해야만 하는 것처럼 고뇌를 해결하려면 먼저 그 원인부터 잘 알아야만 합니다. 집(集)이란 불러 모으다, 소집하다는 뜻이므로 집제란 고(苦)를 불러 모으는 원인, 즉 이것이 우리의 번뇌임을 말하는 것입니다.

번뇌는 수없이 많지만 그중에서도 가장 강하게 우리의 마음을 괴롭히는 것은 「탐욕(貪慾), 진에(瞋恚), 우치(愚癡)」의 세 가지 입니다. 이것을 삼독(三毒)이라 하는데 탐욕으로 인해서 얼마나 많은 사람이 스스로 고뇌하고 있으며, 가족이나 타인을 울리고 있는지 알 수 없을 정도입니다. 또 진에(瞋恚)는 성내다, 화내다, 노(怒)하다는 뜻으로 이것으로 인하여 사회가 얼마나 살기 어려워지는지 알 수 없습니다. 그리고 올바른 도리를 모르는 우치(愚癡)로 인하여 얼마나 무익한 일, 정력을 헛되이 소비하는 일들이 일어나는지 알 수 없습니다.

이상의 세 가지 번뇌의 근원을 더욱 깊이 찾아가면 드디어는 아집(我執)에 부딪치게 됩니다. 언제나 자기중심적으로 사물을 판단하고 무엇이든지 자기의 뜻대로 되기를 바라는 격렬한 자아확대의 욕구가 바로 아집(我執)입니다. 이와 같이 석존께서는 번뇌의 근본원인을 명백하게 밝히셨던 것입니다.

4. 멸제(滅諦) - 고뇌의 극복

위에서 본 것처럼 고의 원인이 밝혀진 이상은 아집(我執)의 마음을 없애고 아무것에도 괴로움을 받지 아니하는 평정하고 자유로운 깨달음의 경지, 즉 열반을 찾아야합니다. 열반(涅槃)이란 범어(梵語)로 니르바나(Nirvana)의 음독인데 번뇌의 불이 꺼진 상태를 말하며 멸도(滅度)라고도 번역합니다. 이것이 멸제입니다.

불교에서 근본적인 원리로서 제행무상(諸行無常), 제법무아(諸法無我), 열반적정(涅槃寂靜)의 세 가지 깃발을 세워 말하는 것을 삼법인(三法印)이라 하는데, 여기서 제행무상이란 모든 것은 변화한다는 뜻이며, 제법무아는 모든 것에는 불변의 실체가 없다는 뜻이고, 열반적정은 여기서 말하는 절대안락의 경지, 깨달음의 경지를 말하는 것입니다.

5. 도제(道諦) - 고뇌를 초월하는 길

고뇌의 근본 원인인 아집을 어떻게 하면 넘어설 수 있느냐가 불교의 근본적인 과제인데 그 방법을 석존께서는 다음과 같이 팔정도로 설하셨습니다.

① 정견(正見) - 올바른 견해
② 정사유(正思惟) - 올바른 사색(思索)
③ 정어(正語) - 진실한 말을 하는 것
④ 정업(正業) - 올바른 행위
⑤ 정명(正命) - 깨끗한 생활
⑥ 정정진(正精進) - 올바른 노력
⑦ 정념(正念) - 올바른 생각을 언제나 갖는 것
⑧ 정정(正定) - 마음의 안정을 갖는 것

이상의 올바른 길은 다시 요약되어 계(戒), 정(定),

혜(慧)의 삼학(三學)이 되고 대승불교에서는 보시(布施), 지계(持戒), 인욕(忍辱), 정진(精進), 선정(禪定), 지혜(智慧)의 육바라밀의 실천으로 집약되어 불도 수행의 규범으로 삼아왔던 것입니다.

제4화 가르침의 흐름

1. 경전의 편찬

어떤 세계에서도 미움을 받는 자는 한두 사람 있기 마련인 것 같습니다. 석존의 주변에도 역시 그런 인물이 있었습니다. 일반적인 사회에서는 그런 사람을 배척하여 따돌리게 되고, 그러면 그들은 점점 악역을 자처해 사회문제로 야기되는 경우가 보통이겠지만 부처님 가르침의 세상에서는 그와는 반대인 경우의 일들이 종종 일어나곤 합니다. 즉 악한 사람이 구제되어 선한 사람이 되는 경우입니다.

「이 사람이 없어져서 비로소 나는 자유롭게 되었다」라고 중얼거린 불제자가 있었는데, 하필 석존께서 입멸하시어 모든 살아있는 생물들이 성자와의 이별을 슬퍼하고 있던 때였습니다. 이러한 한심스러운 말이 불행 중 다행히도 뛰어난 제자 마하가섭의 귀에 들어가게 되었습니다. 마하가섭은 「내가 입멸한 뒤에는 법에 의지하여 살라…」는 석존의 말씀을 되새기면서 이 법을 잘못 이해하고 있는 자가 벌써 나타난 것을 보고 놀랐습니다. 마하가섭은 일찍부터 석존이 생애에 남겨주신 가르침을 정리하고 재확인해 두어야겠다는 생각이 있었는데 더 늦기 전에 해야겠다고 생각하고 다른 불제자들에게 그 일을 제안하였습니다.

그리하여 경전편찬의 큰모임을 열었는데 이것을 결집(結集)이라고 부릅니다. 이 대사업을 뒤에서 물심양면으로 뒷바라지를 한 사람이 바로 지난날 부왕을 죽이고 모후를 가두어 왕위를 빼앗아 모든 사람들을 두려워하게 했던 아자세왕으로 그는 뒤에 참회하여 불법을 받아들이고 불교를 적극 보호하고 육성하였습니다.

이러한 결집은 그 후에도 몇 차례 행해져서 문자로 기록되고 오늘날 보는 인류의 귀중한 보물인 『일체경』 또는 『대장경』이 된 것입니다. 불제자들은 이 경전을 기본으로 국내외로 널리 가르침을 펼쳐나갔던 것입니다.

2. 대승불교와 정토문의 과제

인도에서부터 전해진 불교는 주로 두 방향으로 퍼져나갔는데 하나는 스리랑카, 미얀마, 태국 등으로 전해진 남방불교이고, 다른 하나는 파미르고원 북쪽을 넘는 이른바 서역지방에서 중국으로 전해진 북방불교입니다. 그 흐름 속에는 중국에서 한국, 일본으로 전해져간 대승불교가 있습니다.

석존이 정하신 모든 계율을 원래 그대로 지키면서 스스로의 지혜를 닦아 나가는 전통적인 수행법에만 그치지 아니하고 석존의 참뜻을 파악해서 보다 넓은 입장에서 일체중생이 함께 해탈(解脫)을 얻겠다는 것이 대승불교입니다. 대승불교는 주로 온대지방의 여러 나라에 보급되고 삼장법사 현장스님과 같이 목숨을 건 구법(求法)에 의해서 중국대륙에 전래되고 경전도 번역되었습니다. 이것이

5세기 초 고구려의 소수림왕 때 한반도에 전해지고 다시 6세기에는 백제의 성왕에 의해서 불상과 경전등과 함께 불교가 일본으로 전해진 것입니다.

석존의 가르침은 그 폭을 넓히고 깊이도 더해가면서 사람들 마음에 스며들었는데 그것을 크게 분류하면 성도문(聖道門)과 정토문(淨土門)으로 나눌 수 있습니다.

성도문(聖道門)이란 일체중생은 모두 불성(佛性)이 있다는 입장에서 자신이 지니고 있는 불성을 갈고 닦아 이 세상에서 깨달음을 열어 성불하려는 것으로서 그러기 위해서는 맹렬한 수행으로 몸과 마음을 정진할 필요가 있으므로 자력성도문(自力聖道門), 또는 난행도(難行道)라고 부르기도 합니다.

그러나 석존의 시대로부터 멀어진지 이미 오래고 불성이 모두에게 있다고 해도 자신을 깊이 관찰해 닦으면 닦을수록 빛이 나기는커녕 오히려 껍

질을 벗기면 벗길수록 추한 자기의 본성에 절망하지 않을 수 없음을 발견합니다. 이때 이런 우리들을 제도(濟度), 즉 구하지 않고서는 안 되겠다며 구원의 작용을 해주시는 아미타여래의 본원력에 구제되어서 정토에 태어나 성불한다는 것이 타력정토문입니다. 자력으로서의 어려운 수행을 필요로 하지 않기 때문에 이행도(易行道)라고 부릅니다. 이것을 타력신앙이라고 하며 여기서 말하는 타력이란 불력 또는 아미타불의 본원력을 뜻합니다.

성도문과 정토문은 그 수행의 길이 다르지만 미혹(迷惑)을 떠나 성불하기를 목표로 하는 점에 있어서는 모두 같은 것입니다. 옛 중국이나 현재의 일본과 같이 종파불교가 확립된 곳에서는 종파별로 뚜렷하게 구별이 되어 있지만 한국불교는 오랜 고난의 행로를 통해 통불교(通佛教)로 발전하여 분파별로 그 수행방법을 달리하고 있지 않는 것이 일반적인 특색입니다.

정토문은 우리처럼 특별히 뛰어나지 못한 범부나 악인이라고 스스로 느끼는 사람까지도 여래의 본원력에 의해서 고루 구해진다는 점에 있어서 모든 인류에게 문호(門戶)가 활짝 열려 있는 것이고 석존의 대자비의 참뜻이 전해지는 것입니다. 따라서 이것은 대승불교의 참다운 길이며 매우 넓고 깊은 길이며, 누구나 가까이 접할 수 있는 가르침의 길이라고 하겠습니다.

이러한 가르침이 교주이신 석존으로부터 지금의 자신에게까지 전해진 것은 약 2,600년이란 긴 시간과 멀고 먼 거리를 마다하지 않고 노력하신 수많은 선지식들이 있었음에 가능한 일이었습니다.

대표적으로 인도의 용수보살, 세친보살, 중국의 담란대사, 도작선사, 선도대사 등을 위시하여 우리나라에는 신라의 원효대사 등 많은 선지식들이 대승불교 정토문의 가르침을 올바로 전해주시고 또 많은 저서를 남겨주셨기 때문에, 지금 우리가 본원력에 의한 염불을 할 수 있는 것이라 생각합니다.

願我臨終無障礙

彌陀佛達相迎

제5화 현대생활과 정토문

1. 구제를 바라는 사람들

올바른 정토문의 가르침은 자신 스스로 아미타여래의 본원을 믿고 오직 염불함으로써 힘차고 떳떳하게 살다가, 죽어서는 정토에 태어나 불타의 깨달음을 얻는 가르침입니다. 즉 우리 인간들이 갖고 있는 모든 고뇌를 넘어 참다운 행복을 얻음으로써 밝고 편안한 세상을 만들어 보겠다는 희망찬 종교입니다.

모든 종교에서 구제는 매우 중요합니다. 구제라는 단어를 이해함에 있어서 개인들의 철학과 느낌에 따라 다를 수 있으나 일반적으로는 신이나 부처를 믿고 기원하여 자신의 소원이 이루어지는 것이라 이해하는 사람들이 많은 것 같습니다. 이러한 때의 구제란 자신이 무엇인가 가로막혀 어려운 지경에 빠졌을 때에 신이나 부처 등 인간을 초월한 어떠한 불가사의한 힘에 의해서 그 장애가 없어지게 되었을 때를 말하는 것입니다. 이와 같은 구제는 우리들이 일상생활에서도 자주 사용되는데 「아아! 살았다」, 「덕분에 살게 되었다」란 것과 거의 다름이 없는 것으로, 자기의 뜻을 성취하기 위하여 신불(神佛)이나 인간의 힘을 넘어선 것에 기원한다는 것만이 다를 뿐입니다.

사람들은 자신이 살아가는 목표를 재물이나 지위나 명성 등과 같은 세간적인 것으로 정하고 그 뒤를 좇으며 살고 있습니다. 그리고 소원이 이루어지면 행복한 사람이라고 생각하고 그렇지 못하면 불행한 인생이라고 생각하며 괴로워하는데 과연 그것이 올바른지 잘 생각해봐야 하겠습니다.

우리는 살다보면 생각지도 못했던 고뇌나 슬픔, 장애에 부딪치는 경우가 있게 마련입니다. 이때는 평소에 똑똑하고 지식이 풍부한 것처럼 말하는 사람이나, 실증주의적인 생각을 가지고 있는 젊은이라도 이러한 인생의 벽에 부딪치면 점(占)이나 주문(呪文)이나 기도를 통해 문제를 해결하려고 하거나 그러한 것에 도움을 받고자 하는 경우가 적지 않습니다. 그것은 여러 가지의 재난이나 장애가 악마나 귀신에 의해서 생겼다고 생각하기 때문에 그것을 기도나 주문에 의해서 쫓아내어 슬픔이나 괴로움에서 벗어나고자 하는 것입니다. 여기에 인간이 본래 지니고 있는 약점이나 취약성이 엿보이는 것입니다.

그러나 이러한 방법이 때로는 구제되었다고 생각이 들 때도 있을지 모르지만 그것은 결코 근본적인 해결방법도 아니고, 과학적이지도 않으며, 또 남을 속이는 사기의 형태로 사회에 물의를 일으키는 경우도 있습니다. 이러한 불안정한 요소를 가지는 구제를 설하는 종교는 결코 올바른 종교라 할 수 없습니다.

자신이 소원하는 것들이 이루어지기 위해서는 어디까지나 인간의 끊임없는 노력이 필요하며 때로는 과학의 성과를 이용하는 것도 중요합니다. 진실한 염불의 가르침은 이러한 올바른 일을 가르치는 것입니다. 따라서 참된 염불의 길에서는 미신이나 기적 같은 것을 인정하지 않습니다. 병이 생기면 의학(醫學)과 의약(醫藥)에 의지하고 자신의 올바른 몸조리에 의지해야 하는 것이지 비과학적인 미신적 요법에 따라서는 안 되는 것입니다.

2. 진실한 구제

우리들이 당면하고 있는 여러 가지의 문제들은 믿고 기도한다고 해서 타개되는 성질의 것은 결코 아닙니다. 진실한 구제는 설령 현실이 제아무리 자기 뜻대로 이루어지지 않는다 할지라도, 또 절망과 파탄 속에서 시름에 빠져있을 때라도 이에 굴하지 않고 어려움을 헤치고 이겨낼 수 있도록 용기와 힘을 주는 것이어야 합니다. 그것은 끊임없이 우리가 행복하길 바라시며 우리를 구제하시고 계신 아미타여래를 믿고 그 본원력의 은혜 속에서 살고 있다는 진실한 마음의 의지처를 가짐으로써만이 얻어지는 것입니다. 이런 것이 바로 불타의 깨달음을 규명해 나가는 길이라 할 수 있는 것입니다.

세상을 구함이 가장 시급하다(救世最急)는 것은
말세 중생은 근기가 우둔하고 장애가 깊어
해탈과 선정을 매우 얻기 어려우니,
부처님이 큰 자비로 이 정토문을 열어
생사를 가로질러 절단하고 급히 중생을 구원하시니,
오직 힘이 미치지 못할까만 걱정한 까닭에
간청을 기다릴 여유가 없었던 것이다.
-운서주굉, 『불설아미타경소초』

시방삼세의 모든 부처님들께서는
모두 염불念佛을 배우셔서,
속히 위없는 깨달음을 증득하셨다.
고로 알라. 삼세의 모든 부처님들이
다 염불로 마땅히 성불成佛하셨느니라
-월등삼매경月燈三昧經

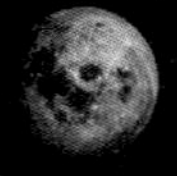

제6화 진실한 가르침

1. 진실한 가르침이란?

인간에게 진정한 지혜가 있었다면 지금 우리가 겪고 있는 여러 자연재해나 국가 간의 충돌, 그리고 사회적인 문제는 없을 것입니다. 인간들의 자기중심적인 욕심이 없었다면 서로가 싸우거나, 다투거나, 훔치거나, 속이고 속고 하는 따위의 어리석은 일도 발생하지 않을 것입니다. 지혜가 없었기 때문에 수없이 많은 문제를 야기시키며 고뇌의 깊은 구렁에 빠져들게 됩니다.

불교의 목적은 지혜를 닦아 자기중심의 욕망, 즉 번뇌를 없애는 것에 있는데 이런 상태를 성불하였다고 합니다.

이를 위해서 성도(聖道) 후 석존께서는 45년간 팔만사천의 법문(經典)을 중생의 근기에 맞추어 설해 주신 것입니다. 그런 경전 중에 우리는 『불설무량수경』에서 진실한 가르침을 찾으려고 합니다.

2. 『불설무량수경』을 중요시하는 이유

특히 『불설무량수경』을 중요시하는 이유의 첫 번째는 이 경전 속에 불타(佛陀)의 본원이 설해져 있기 때문입니다. 일반적으로 부처님과 그 가르침을 믿고 그대로 수행하게 되면 깨달음을 얻어 누구나 성불할 수 있음은 의심하지 않습니다. 그러나 우리들의 현실 속에서는 좀처럼 그렇게 할 수 없다는 것이 문제입니다.

육체를 가지고 사는 동안 인간은 어리석음과 고뇌에서 벗어날 수 없기에, 부처의 깨달음에 도달하는 것은 도저히 불가능하다는 점을 솔직하고 겸손하게 인정하지 않을 수 없는 것이 지금 우리의 현실입니다. 그것은 석존께서 이 세상에서 오셔서 성불하신 이래 2,600년이나 지난 오늘에 이르기까지 살아서 부처가 된 사람을 보지 못한 것을 보아도 잘 알 수 있는 것입니다.

하지만 우리는 깨달음의 수행을 하게 되는 도중에 일시적이기도 하고 점차로 마음의 안개가 걷히는 것 같은 생각이 드는 것도 사실입니다. 그러나 실제로 수행을 하면 할수록 마음의 안개가 더욱 짙어지고 바닥 없는 어두움의 구렁텅이의 깊이를 느끼게 되고 자기가 자신을 도저히 감당할 수 없음을 자각하게 됩니다.

따라서 발원을 하여 부처가 되고자 하는 마음은 매우 중요합니다만 실제로는 그렇게 되지 못하는 것이 우리들의 현실입니다. 이러한 우리를 가엾이 생각하시어 중생들의 성불을 부처님께서 애타게 원하고 계심을 설한 경전이 『무량수경』입니다. 그러므로 우리로서는 성불의 길로 이끌어주시는 고마운 이 경전을 믿기 때문에 이것을 진실한 가르침이라고 하는 것입니다.

3. 석존의 본의(本意)

다음 두 번째 이유는 석존 스스로 무량수경 속에서 이 경전이야말로 진실한 가르침이라고 설하고 있다는 점을 유의해야 할 것입니다. 즉 석존께서는 이 경을 설하실 때에 그 얼굴빛은 이전에 없이 기쁨에 빛나고 존귀한 모습이었기 때문에 제자인 아난존자가 놀라서 그 이유를 여쭈어 보았더니 「여래가 무상의 대비로 미혹한 중생을 가엽게 여기시어 세상에 나와 널리 여러 가지의 가르침을 설하는 이유는 중생을 구하기 위하여, 진정한 이익을 베풀기 위함이라」고 대답하셨습니다.

이것은 석존 자신의 입을 통하여 이 세상에 출생하신 본뜻을 밝히신 것이며, 모습이 평소 때와는 다르게 빛난 것은 이제야 그 본래의 뜻을 이루시기 위한 인연이 성숙되었음을 모습으로 나타내신 것입니다.

또 석존께서는 이 경의 끝맺음에서 「언젠가 후대에 이르게 되면 모든 가르침은 없어지겠지만 나는 가엾은 마음으로 이 경만은 영원히 남길 것이다. 그리고 어느 때, 누구라도 이 경을 만나다면 뜻한 대로 저 나라에 왕생하여 미혹에서 벗어날 수 있을 것이다」라고 설하신 것입니다. 그렇기 때문에 이 경(經)을 영원하고 진실한 가르침이라고 합니다.

4. 아미타여래와 석존

석존은 사람의 몸으로 이 세상에 오셔서 수행을 하시다 깨달음을 열어 불타가 되셨으며, 그 후 법을 설하여 사람들을 구제하다 80년간의 생애를 끝맺고 입멸하셨습니다. 석존은 분명히 우리와 같은 인간으로 오신 것입니다. 그러나 탄생은 같을지라도 우리들과 다르게 「깨달음」이라는 체험을 하시고 불타가 되셨습니다. 그 깨달음은 영원히 변하지 않는 진실한 법입니다.

「이 법은 내가 마음대로 만들어 낸 것이 아니다. 이 법은 내가 이 세상에 왔든지 오지 않았든지 상관없이 진실의 법은 언제나 존재한다. 나는 그것을 깨달았을 따름이다.」

라고 말씀하셨습니다. 석존이 부처가 되신 것은

바로 이 영원한 진실의 법 때문입니다. 이 영원불멸한 진실의 법 그 자체를 「구원(久遠)의 불」 또는 법신불(法身佛)이라고도 합니다. 깨달음을 얻지 못하는 우리들 인간의 마음으로는 이 법신불을 직접 만날 수도 알 수도 없습니다. 빛깔도 없으며 모습도 없는 이 법신불인 법성법신(法性法身)이 미혹의 중생을 구제하기 위하여 서원(誓願)을 세워 부처님이 되신 것이 아미타여래이시며 이 여래를 방편법신(方便法身), 또는 보신불(報身佛)이라 부릅니다.

즉 아미타여래께서는 우리를 구제하시기 위한 진실한 부처님이시며, 석존은 이 아미타여래의 본원을 설하여 믿으라고 권해주시는 인류 역사상 출현한 교주(教主)이시며, 아미타여래는 가르침의 아버지이신 것입니다.

5. 반드시 구한다는 본원

『무량수경』에는 아미타여래의 본원이 설해져 있습니다. 우리는 무엇보다 이 본원을 들어야 합니다. 이 본원은 마흔여덟 가지의 원으로 맹세되어 있으며 그 중에서 특히 제18원이 매우 중요한데, 그 내용을 의역하면 다음과 같습니다.

「내가 부처가 될 적에, 모든 중생들에게 여래의 진실을 믿게 하고, 여래의 명호를 부르게 하여 반드시 정토에 태어나게 하지 못한다면 결코 부처가 되지 않겠다.」

는 서원입니다. 이 서원을 타력본원(他力本願)이라고 하며 우리가 구해지는 진실한 길이라 하셨는데 이것을 동체대비(同體大悲)라고 합니다. 다른 종교에서는 교주와 인간의 관계를 주종의 관계로 하고 있지만 여기서는 여래와 나는 같은 입장이며 부자의 관계로 설정합니다. 아미타여래를 구제의 어버이로 받드는 것은 바로 이 본원에 의한 생명의 결속이 있기 때문이며, 바로 우리들 한 사람 한 사람에게 어버이의 따뜻한 피가 흐름을 느끼게 하여 부처님의 대자대비한 몸에서 태어났음을 알려 주시니 얼마나 고마운 일입니까?

화엄경은 곧 최상의 일승一乘이다
보현보살의 법계행法界行을 닦고
처음부터 끝까지 염불을 떠나지 않
십지보살은 이미 진여眞如를 증
오히려 염불을 떠나지 않는다.
— 감산대사 몽유집夢遊集

찬하는데,
다.
분들인데도

제7화 본원의 작용

1. 명호와 광명

일반적인 불교의 가르침은 자신의 온 힘을 다해 정진함으로써 「깨달음의 길」을 갈 것을 가르칩니다. 이런 경우는 신(神)이나 불(佛)을 의지하는 경우에도 자신의 힘이 부족하여 어려운 상황을 극복하기 위한 보조의 방법으로 생각하는 경우가 많은데, 정토문에서 말하는 구제는 유한무상(有限無常)한 인간의 힘에 전적으로 의지하는 것이 아니라, 우리들의 구제의 모든 것은 오직 아미타여래의 본원력에 의한 것이라 엎드려 받드는 것입니다. 아미타여래의 본원은 타력회향의 본원, 또는 절대타력의 본원이라고 하며, 이와 같이 구제의 모든 것이 타력의 작용에 있다고 말하는 것은 모든 사람이 빠짐없이 구하여진다는 대승적 입장의 근본에 충실한 것입니다.

이 여래의 본원력은 어떻게 해서 우리들에게 작용되어 전달되는가 하면 먼저 「나무아미타불」이라는 명호로 우리들 마음에 이르게 되고, 그 명호가 광명이 되어 나를 비추어 자라게 해 주시는 것입니다. 그것은 마치 어머니가 아기를 모유와 자애(慈愛)의 손길로 돌봐주는 것과 같습니다. 모유에는 아기를 양육할 영양의 모든 것이 들어있는 것 같이 나무아미타불이라는 명호 속에는 우리들이 부처가 되어야 할 모든 요소가 갖추어져 있습니다. 아무리 어리석고 둔한 자일지라도 그 명호를 듣는 그대로가 신(信, 믿음)이 되고 염불하는 그대로가 행(行)이 되게끔 성취되어 있는 것이 「나무아미타불」의 명호입니다.

여래는 섭취불사(攝取不捨)의 광명으로 우리들을 지켜주십니다. 광명이란 부처님 지혜의 모습이며 자비의 작용입니다. 바쁜 일상생활에 마음을 빼앗기고 번뇌로 인하여 마음의 눈이 멀어 여래의 모습을 볼 수가 없는 나 같은 사람에게도 대자대비의 광명은 언제나 지켜주시고 비춰주시는 것입니다.

내 안에서 작용하는 명호와 밖에서 보호해주시는 섭취의 광명에 의해서 번뇌구족(煩惱具足)한 지금의 모습 그대로 구제되는 것이며, 또 이 명호와 광명의 결정체인 본원력에 의한 구제야말로 우리들 인생에 꺼지지 않는 생명의 원천이며, 한량없는 희망과 어떠한 것에도 꺾이지 않는 용기를 주는 원동력이 되는 것입니다.

2. 나무아미타불의 뜻

「나무아미타불」이란 원래 인도어인 범어(梵語)입니다. 이것은 모든 중생에게 작용하시는 부처님의 말씀으로 거기에는 깊은 뜻이 포함되어 있습니다. 그래서 소리 낼 때는 이 말을 범어 그대로 소리 내는 것입니다.

그 내용과 작용에 관해서 간단하게 말하면 먼저 「미타(彌陀)」란 「헤아리다」라는 뜻이고 그 앞에 「아(阿)」가 붙는데 이것은 부정접두사로 다음 말을 부정하는데 쓰입니다. 그러므로 「아미타」는 「한량없는, 헤아릴 수 없는, 무한의」이라는 뜻이 됩니다만, 무엇이 한량없는가 하면 광명과 수명을 말하는데 여기서 광명은 지혜를, 수명은 자비를 뜻합니다.

그리고 다음 「불(佛)」은 여래(如來)라고도 하는데 「여래」란 진여(眞如)의 세계에서 나를 구하기 위해 오신 분이란 뜻이므로, 정리하면 「아미타불」은 「한량없는 지혜와 자비의 작용을 가지신 여래」로 해석되며, 한자로 바꾸면 「무량수여래(無量壽如來)」 「무량광여래(無量光如來)」가 됩니다.

그리고 앞의 「나무(南無)」란 귀명(歸命)이라고 해석하는데 「의지한다, 믿고 의지한다, 귀의한다」는 등의 뜻이 됩니다. 그런데 여기서 우리가 주의해서 생각해야 할 점이 있습니다. 그것은 믿고 의지하는 순수하고 훌륭한 마음이 미혹한 우리, 미혹한 나 자신으로부터는 나올 수 없다는 점입니다. 이러한 점을 확실히 이해하지 못하고는 명호의 참뜻을 충분히 이해할 수가 없습니다.

원래 내가 목숨 걸고 해야만 가능한 「믿고 귀의하는 것」, 즉 「나무」는 이미 여래의 편에서 모두 마련하여 명호 속에 구족(具足)하여 완전한 구제의 근본으로 작용되어 오는 것입니다. 즉 나무는 내가 여래께 귀의하고 의지하기에 앞서 여래께서 준비하여 부르시는 마음으로 받드는 것입니다.

어떠한 경우일지라도 하나의 일을 성취하기에는 원(願)과 행(實行)이 없이는 불가능한 것이 세상의 도리입니다. 때문에 한 사람이 깨달음을 얻어 성불하려고 하는 일대사(一大事)에 있어서도 역시 그에 상응하는 원과 행이 필요한 것입니다. 그러나 우리와 같은 범부가 그와 같은 원과 행을 어떻게 일으킬 수 있겠습니까? 그런 불가능한 나 자신을 향해서 원(나무)과 행(아미타불)을 갖추시고 완전한 모습으로 작용해주시는 여래의 본원력을 타력이라 하고 이 작용이 나에게 베풀어지게 되는 것을 타력회향이라고 합니다.

따라서 「나무아미타불」 하고 진실한 마음으로 본원력을 믿고 하는 염불은, 법장비구(아미타불의 전신)가 미리 마련해주신 원과 행을 완전히 갖춘 가장 귀한 성불(成佛)로의 길인 것임을 알아야 할 것입니다. 그래서 염불자는 가장 귀한 불제자이며 뛰어난 사람이라고 하는 것입니다.

불가사의한 고성염불과 수지독경의 공덕 · 위신력

고성으로 염불하고
경전을 독송하는
수행에 열 가지 공덕이 있나니,
잠을 내보내고
마군이 놀래 두려워 하고
소리가 사방에 가득 퍼지고
삼악도의 괴로움이 쉬며
바깥 소리가 섞여 들어오지 못하고
마음이 흩어지지 않게 하며
용맹한 마음으로 정진하게 하며
제불께서 기뻐하시며
항상 삼매가 현전하고
극락정토에 태어나느니라.
– 업보차별경

옥문에서 유희하려거든
드시 정토에 나서 무생법인을 얻은 뒤에
로 생사에 들어가 괴로운 중생을 제도하라.

遊戱地獄門者 。必生彼土得無生忍已
入生死救苦衆生 。 - <왕생론>

제8화 신 심(信心)

1. 신심

신심은 어떠한 종교에서도 매우 중요하게 생각합니다. 그런데 이때 믿고자 하는 대상의 무엇을 믿는가? 모습을 믿는가? 아니면 그 실재를 믿는가? 아니면 혜택이나 복을 주는 힘을 믿는가? 이런 것을 곰곰이 생각해보면 도무지 분명하지 않을 것입니다.

또 믿는다는 것이 어떠한 상태인가 명확하지 않습니다. 불교에서도 일반적으로 신심이 중요하다는 말을 합니다만, 그 믿음이란 불도(佛道)를 걷기 위해 먼저 석가세존의 가르침을 믿어야 시작된다는 의미가 아닐까 생각됩니다.

다시 말하면 이제부터 불법을 배우고 수행해 나아가기 위한 입문과정의 하나로 깨달음은 어디까지나 그 후의 수행의 결과에 있다고 보는 것입니다. 그러나 지금 여기서 말하고자 하는 정토문의 신심은 그러한 믿음(信)과는 달리, 변하지 않는 명확한 신심 하나로, 믿는 것만으로 구제가 완전하게 이루어지는 것에 특징이 있습니다.

2. 무엇을 어떻게 믿는가?

「진실한 신심」이란 곧 신심 하나로 구제되는 것이어야 합니다. 신심은 인간의 미혹한 마음이 만든 것이 아니고 아미타여래의 본원력에 의해 회향된 믿음이기에 그러한 것입니다.

그러면 진실한 신심이 성불의 인(因)이라면 신심이 성불의 직접적인 조건이 되어야 하는가 하면 그렇지는 않습니다. 왜냐하면 여래는 믿어야 구하겠다고 하신 것이 아니라 반드시 구하고 말겠다, 나의 진심(眞心)을 믿으라고 말씀하신 것이기 때문입니다. 즉 구하겠다는 여래의 서원(誓願)이 먼저 작용하여, 그 부르짖음에 의해서 깨어 일어나는 것이 나의 믿음(信)이기 때문입니다. 그러한 혜택을 받아들이는 데 있어서는 아무런 조건도 필요하지 않습니다. 그처럼 부처님의 대자대비한 마음은 깊고도 한량이 없는 것입니다.

그렇다면 우리들에게 믿는다고 하는 것은 어떤 것일까요? 그것은 여래의 본원력에 대한 의심이 사라져, 거기에 모든 것을 맡기는 것입니다. 정토문의 신심은 자신의 마음을 굳건히 하여 만들어 내는 마음이 아니라 아집(我執)에 의해 발생하는 작용을 없애는 데 있습니다.

때문에 정토문의 신심을 획득하게 되면 본원의 광명에 비춰져 자신의 참모습을 알게 되고, 여래의 진실에 혜안을 얻게 되는 것입니다. 그러한 신심을 얻기 위해서는 진실한 가르침을 들어야 하는데, 진실한 가르침을 듣는다는 것은 아미타불이 본원을 설하는 그곳으로 발길을 옮기는 것입니다. 아미타불의 서원은 『불설무량수경』에 설해져 있으며, 그 무량수경을 설하고 가르쳐주신 분은 석존입니다. 따라서 석존의 가르침을 청문(聽聞)해야 하는 것입니다.

3. 「듣다(聞)」는 의미

「듣다(聞)」는 것은 어떤 것일까요? 우리는 말소리를 귀로 듣고 그 이야기의 취지에는 찬성하지 않지만 들었다고 하는 경우가 있습니다. 하지만 이것은 말소리는 들었지만 그 마음은 받아들였다고 볼 수 없습니다. 예를 들어 부모의 말씀을 「들었다, 또는 알아들었다」라고 하는 경우, 그 마음을 있는 그대로 받아들여 부모가 원하는 대로 되었을 때 비로소 「들었다」라는 말이 성립되는 것입니다. 여래의 본원을 듣는 경우도 이때와 다르지 않습니다.

참답게 「듣는다」라는 것은 본원을 세운 의미와 그 결과로 중생이 어떻게 구제되는지 알게 되어 의심하는 마음이 사라질 때 비로소 그것을 문(聞, 듣는다)라고 하는 것입니다.

즉 미혹한 중생을 구제하기 위하여 본원을 일으켜 그 수행의 결과가 명호(나무아미타불)에 작용되어 내가 구제되어지고 있음을 철저하게 이해하고 듣는(信) 것입니다. 그리하여 들은 것이 납득이 되고 본원(여래의 마음의 소리)을 그대로 받아들일 때 「들었다」고 하는 것이고, 그대로가 곧 타력(他力=佛力)의 신심이 되는 것입니다. 즉 문(聞, 듣다)은 신(信, 믿음)이 되는 것입니다.

들어서 믿는다고 할 때 중요한 것은 의심하지 않고 믿는 것입니다. 일반적인 의심은 가르침보다 자신의 마음과 생각을 중요시할 때 나타나는 현상입니다. 그러므로 믿는다고 말할 때는 무엇인가를 위해서 믿는다든가, 믿으면 자신이 어떻게 된다든지 하는 목적이나 자신의 입장을 철저히 배제한 상태의 믿음이 되어야 하는 것입니다.

4. 누가 구제되나?

아미타여래의 구제 대상은 바로 악인·범부입니다. 이때 악인이란 아미타여래의 광명에 비추어져 진정한 선은 하나도 할 수 없는 나의 대명사입니다. 가령 세상에서 착한 사람이라 칭송받는 사람이나, 법률적으로 죄를 짓지 않았다고 자신하는 사람들이라도 과연 자신 있게 나는 선인(善人)이라고 말할 수 있는 사람이 몇 명이 될까요? 여기서 말하는 악인은 그러한 표면적인 것을 말하는 것이 아니라 보다 뿌리 깊은 내면에서 자신을 성찰하여 알 수 있는 것이 아닐까 생각합니다.

우리는 당연히 해야만 하는 일을 자신의 한 몸을 위해 게을리하지는 않았던가. 밖으로 마음을 들키지는 않았지만 얼마나 많은 사람을 해치고 범하고 하였던가. 그럴싸하게 대의명분의 이름을 빌려 자신의 입장이나 이익을 위해 타인을 어려움에 서게 한 일은 없었던가. 먹고살기 위해서라는 핑계로 얼마나 많은 동식물의 목숨을 빼앗았던가.

부처님의 가르침 앞에 서서 그 누가 죄 많은 범부가 아니라고 잘라서 말할 수 있을까요? 그러면서도 구제의 대상은 악인이라고 하며, 다른 곳만을 바라보고 있지는 않습니까? 생각해보면 진정으로 구제받기 어려운 건 내 자신이 아닐까 하는 생각이 듭니다. 이러한 내가 부처님의 본원력에 의해서 영원한 자유를 얻어 진실한 행복의 길로 들어갈 수 있다면 얼마나 가슴 벅찬 일이겠습니까?

다만 여기에서 주의해야 하는 것은 구제의 대상이 악인이라 해서, 범하는 악행(惡行)의 모두가 용서되는 것은 절대로 아니라는 점입니다. 구한다는 것과 용서한다는 것은 크게 다르기 때문입니다. 자신의 아이가 가엾다고 해서 아이의 악행을 칭찬하는 부모가 없는 것과 같습니다. 여래께서도 우리의 악행을 탄식하시면서도 버리지 않고 구제해 주시는데 그것은 그분의 간절한 서원이기에 가능한 것입니다만, 좋은 해독약이 있다고 해서 즐겨 독을 마시는 어리석은 사람이 되어서는 안 되는 것입니다. 번뇌의 늪에서 우리를 구제해 주시고자 하는 여래의 마음을 받아들여 염불하는 사람이라면 진심으로 악을 부끄러워하게 되는 마음이 생기게 됩니다.

스스로 악인·범부임을 자각하고 부끄러워할 때 바로 구제의 중요한 대상이 된다는 것을 알게 되고, 고마움에 감격하여 염불하게 될 때 비로소 모든 중생이 구해지는 것입니다. 모든 중생과 함께 부처가 되고자 하는 대승불교의 최상의 경지가 바로 여기에 있습니다.

5. 칭명염불은 보은(報恩)

여래는 우리에게 본원을 믿고 「나무아미타불」이라고 부르게 하여 구제하겠다고 서원하셨습니다. 앞서 말한 바와 같이 구제는 신심에 의해서 결정되는 것이기 때문에 명호를 부르는 칭명은 구제의 정인(正因)이 될 수 없으며, 신심이 정인(正因)인 것입니다. 일반적으로 결과를 성취하기 위해서는 반드시 그에 상응하는 조건(행)을 쌓아야만 가능하다고 생각하지만 칭명염불은 구제를 받기 위한 행은 아닙니다.

본원을 확실히 이해하고 명호를 부르는 칭명(稱名)은 한없고 깊은 여래의 은혜와 감사에 보답하는 행일 뿐인 것입니다. 따라서 우리의 일상생활 속에서 나오는 칭명염불을 꾸준히 하면 자신의 참모습을 알게 되고, 여래의 은혜에 감사하게 되는 것입니다.

또한 염불은 자신이 하는 것이라 생각할 수 있지만 그것은 여래의 자비심에서 나오는 구제의 외침임을 알게 됩니다. 그렇게 우리는 염불하면서 명호의 외침소리를 들으며 앞으로 나아가는 것입니다. 칭명염불은 언제 어디서나 손쉽게 할 수 있는 것이지만 머뭇거리거나 망설이며 못하는 때가 종종 있습니다만, 이런 경우는 보통 자신의 자존심을 앞세워 아미타여래의 마음을 순종적으로 받아들이지 않기 때문입니다.

아미타여래의 본원을 믿는 사람들은 삶속에서 일어나는 모든 것들에 감사하면서 모든 인연 있는 사람들에게 염불을 권하여 각자가 아미타여래의 구제의 작용이 우리들의 심신에 녹아들어 배일 수 있도록 해야 하는 것입니다. 여기서 염불자의 아름다운 생활이 전개되어지는 것입니다.

크도다! 염불을 법문으로 삼아,
대승과 소승을 모두 섭수하고
이근과 둔근을 나란히 포섭하며,
사事와 이理에 원융하고
성性과 상相에 걸림이 없다.
부처에 즉함이 그대로 마음이니
한 마음도 마음부처 아님이 없고
마음에 즉함이 그대로 부처이니
한 부처도 부처마음 아님이 없다.
마음을 전일하게 억념함에 불불이 모두
드러나고 부처님을 전일하게 칭념함에
마음마음 문득 드러나니, 마음 바깥에
부처가 없어 마음의 억념하는 바가 되고
또한 부처 밖에 마음이 없어 부처의
칭념하는 바가 된다.
– 능엄경 대세지보살염불원통장 소초

십지十地에 오른 보살들도
처음부터 끝까지 한 순간도
염불을 떠나지 않는다.

十地菩薩 始終不離念佛
– 《화엄경》

제9화 믿음에 살면서

1. 신심의 지혜

자기의 능력만을 믿고 살던 사람이 그 믿고 있던 믿음이 깨져, 여래의 외침소리인 명호와 만나게 되면, 여래는 한량없는 지혜의 광명을 비추어주시는데 그때 비로소 자신의 내면에 있던 거짓 없는 모습과 만나게 됩니다. 그것은 바닥이 얕은 인간의 단순한 반성 따위와는 다릅니다. 마음속이 탁하여 마음의 눈이 가려져 있는 때는 자신의 참모습을 볼 수가 없습니다. 이럴 때는 외부에서 비쳐지는 빛에 의해서만 자신의 모습을 볼 수 있는데, 부처님의 지혜의 광명이야말로 나의 마음 깊은 곳까지 비출 수 있어 미혹을 미혹이라 알 수 있게 해주시는 것입니다.

이와 같이 자신의 참마음을 볼 수 있을 때 비로소 여래의 진실에 눈뜨게 되어 여래의 진실을 알게 됩니다. 이러한 것을 여래의 지혜를 나누어 받는 것이라 하는데 이것을 신심의 지혜라고 부릅니다. 즉 신심이란 여래로부터 나누어 받은 지혜에 의해서 마음의 눈이 열려진 상태를 말하는 것이기 때문에 신심과 지혜는 불이(不二)가 됩니다.

2. 구제는 지금

신심을 획득한 사람은 반드시 성불이 결정된 사람들로서 법우(法友)가 되는 것입니다. 구제라는 것은 지금 현실에서 체험되는 것으로, 현생에서 구제되어 다시는 미혹의 세계에 떨어지지 않는 불퇴전의 자리에 머무르는 것입니다. 현생에서 불퇴전의 자리에 머무르는 사람은 살아가는 동안 염불자로서의 평안한 마음, 기쁨의 마음, 감사의 마음으로 살아가게 됩니다. 그리고 죽어서는 정토에 왕생하여 부처의 정각(正覺)을 성취할 수가 있게 되므로, 이 두 가지는 따로 뗄 수가 없는 관계에 있습니다.

동물적인 본능으로 인하여 고뇌하는 미혹한 인간에게 여래의 신심(지혜)을 베풀어주어 고뇌하지 않는 몸으로 만들어 주시며, 또 정토에 왕생해서는 아미타여래와 하나가 되는 깨달음을 여는 인(因)이 되는 것입니다. 다시 말해서 아미타여래의 본원을 듣고 믿는 그 순간에 우리는 반드시 성불이 결정되는 것입니다만 성불이 결정되었다고 깨달음이 열리는 것은 아닙니다. 왜냐하면 지금 이 순간까지 만든 악업들이 몸에 남아있어 지금의 육체로 살아가는 한 깨끗하게 정화될 수가 없기 때문입니다.

그러나 그런 정화될 수 없는 몸이지만 신심이 결정될 때 이미 성불할 인(조건)이 결정되어 죽어서는 반드시 정토에 왕생하여 곧 불타의 깨달음을 얻게 됩니다.

의미 없는 일에 고뇌하고 번민하여 생기는 불안한 생각들이 올바른 믿음을 계기로 바뀌게 됩니다. 그리하여 여래의 본원 안에서 멋지고 의젓하게 세상과 많은 사람들을 위해 봉사할 수가 있게 되는 것이며, 우리들의 진실한 믿음을 나누어 새로운 법우를 만들어가며 즐겁고 보람찬 생활을 해나갈 수 있게 되는 것입니다.

3. 현세의 공덕

신심을 획득한 사람에게는 당연히 여러 가지의 공덕이 몸에 갖추어지게 되지만 현생에서 갖추어지는 공덕으로는 열 가지가 있다고 합니다.

① 눈에 보이지 않는 분들로부터 보호를 받는다.
② 위없는 귀한 공덕이 몸에 갖추어진다.
③ 죄악이 바뀌어서 염불의 선이 된다.
④ 제불(諸佛)의 보호를 받는다.
⑤ 제불이 칭찬해 주신다.
⑥ 아미타여래의 광명에 싸이어 언제나 보호된다.
⑦ 마음에 진실한 기쁨이 가득 차게 된다.
⑧ 여래의 은덕을 알게 되고 보은의 생활을 하게 된다.

⑨ 여래의 대비(大悲)를 사람들에게 전할 수 있다.
⑩ 다음에 성불하는 위치에 들어간다.

이상과 같은 공덕은 모두 신심에 갖추어진 덕이며, 물질적인 것을 얻을 수 있는 덕은 아닙니다. 물질적인 복덕은 어떻게 갖추어지게 되는가 하면 말할 것도 없이 자신의 노력과 정진으로 어려움을 헤치고 나가야 얻을 수 있습니다. 이것은 누구도 부인할 수 없는 너무나 당연한 일입니다. 신심이 생기면 병이 낫거나 물질적인 소원이 바로 이루어진다고 설하는 곳도 있습니다만 그러한 것은 인과(因果)의 도리에서 벗어난 것으로 올바른 부처님의 가르침이라 할 수 없습니다.

앞서 말한 공덕 중에 「여래의 대비를 사람들에게 전달할 수 있다」는 덕이 있는데 우리에게 베풀어주신 신심을 나 혼자만의 것으로 하지 않고 많은 사람들에게 전달해야 합니다. 그것은 곧 나의 기쁨을 나누는 것임과 동시에 여래의 대비(大悲)를 전달하고자 하는 위없이 거룩한 염불의 실천이자 보은의 활동이 됩니다.

람이 명을 마치는 최후 순간에
든 근根이 무너지고
든 권속이 떠나가고
든 권세도 물러가지만
직 이 원왕願往(극락왕생발원)만은
나지 아니하여
체시一切時에 그 사람을 인도하여
찰나一刹那에 극락세계에 왕생한다
엄경

제10화 정토왕생

1. 정토는 어디에

신심을 획득한 사람은 이 세상에서 목숨이 다할 때 반드시 정토에 왕생하여 성불한다는 것이 정토문의 가르침의 끝맺음인 것은 앞서 말한 것과 같습니다.

그러면 그 정토란 것이 진정으로 있는 것인가? 라는 물음이 나오고 또 그러면 어디에 있는가? 라는 물음도 따라 나오게 될 것입니다. 이때 우리들은 정토의 존재를 인간의 감각으로 느끼고 알려고 합니다. 그러나 우리들은 그에 앞서서 이 우리 자신에게 부처님 세계인 정토를 볼 수 있는 능력이 있는지부터 따져 보아야 할 것입니다. 정토에 관한 내용은 석존께서 설하신 『불설아미타경』에 다음과 같이 설해져 있습니다.

「여기에서 서쪽으로 십만 억의 불국토를 지나서 한 세계가 있는데 그 이름을 극락이라 하느니라. 거기에 부처님이 계시는데 그 명호를 아미타불이라 하며 지금 현재도 법을 설하고 계시느니라. 【중략】
그곳에는 칠보로 된 연못이 있는데 팔공덕수로 가득 차 있고 못의 바닥에는 황금의 모래가 깔려있어 【중략】 그 층계 위에는 누각이 있는데 그것도 또한 금 · 은 · 유리 · 자거 · 적주 · 마노 등으로 장엄하게 꾸며져 있느니라.
또한 연못 가운데에는 큰 수레바퀴만한 연꽃이 있는데 푸른 꽃에서는 푸른 광채가, 누런 꽃에서는 누런 광채가, 붉은 꽃에서는 붉은 광채가, 하얀 꽃에서는 하얀 광채가 나는데 지극히 미묘하고 향기롭고 정결하느니라.」

현대인에게는 좀 납득하기 어려운 표현이겠지만 상징적인 표현으로서 화려한 단어로 설해지고 있는 이 청정한 세계를 그 문자 그대로 우리 인간의 상식으로 표현하려고 하는 것은 무리일 것입니다. 왜 그렇게 표현하였는지는 잘 생각해 봐야 할 것입니다.

2. 열려있는 정토의 길

정토는 진실의 보토(報土)라고 합니다. 진실의 보토란 여래의 원력과 수행의 결과로서 생긴 세계라는 뜻입니다. 여래의 서원은 우리 일체 중생을 맞이하여 받아들이겠다는 것이므로, 그 원이 성취하여 생긴 세계는 나를 기다리고 있는 세계인 것입니다.

그러므로 정토가 정말 존재하는가 하는 물음을 가질 것이 아니라, 그곳에서 태어날 자격도 없는 나 같은 사람도 받아 주는 세계로 받아들여야 마땅할 것입니다. 이 정토는 인간의 지식 따위로서 알 수 있는 그런 세계가 아닙니다. 진실의 가르침을 들으면 스스로 납득이 가는 그런 세계인 것입니다.

가르침의 광명을 만나면 지금 우리가 하고 있는 일이나 내가 살아가고 있는 세계도 진실과는 너무도 거리가 먼 가식(假飾)적인 것에 지나지 않다는 것을 알게 됩니다. 우리들은 때론 다소의 희생을 감수하며 다른 사람을 위해 봉사를 하기도 합니다. 물론 그 행위 자체는 매우 귀중한 것입니다. 그러나 그런 사람들의 마음속 깊은 곳에는 언제나 자신에게 돌아올 무엇인가를 생각하고 있거나, 세상의 좋은 평판을 기대하거나, 아니면 「좋은 일을 해서 기분이 좋다」라는 식으로 무엇인가 계산적인 것을 붙여 자기만족에 빠지는 경우는 없는지 반성해 보아야 합니다.

이처럼 엄격한 잣대로 말해 세간적인 선행(善行)이란 것도 잘못하면 독이 될 수 있음을 알고, 그것이 가식적인 행이 되지 않도록 자성(自省)해야 하며, 또 선행이라는 행의 밑바닥에 숨어있는 아욕(我慾)이나 이해타산적인 마음을 참다운 불법의 가르침에 비추어 스스로 부끄러워해야 할 것입니다.

여래의 본원은 언제까지나 변하는 일이 없는 진실로서 우리들을 일깨워주며 그 가식적인 모습을 드러나게 해주는 것입니다. 진실은 자연히 우리 앞에 모습을 드러내어 나의 가식적인 모습을 알려주는 것입니다. 예를 들면 은하계 속에는 암흑성운이라는 것이 있다고 합니다. 그러나 아무런 빛도 발하지 않는 그 성운만이 있다면 과연 그 운성의 존재를 알 수 있을까요? 운성 뒤편에서 빛을 발하는 무엇인가가 있어야만이 비로소 그늘이 되어 확인이 되는 것입니다.

이와 같이 나의 가식적인 모습을 알게 하는 작용도 내 안에서 나오는 것이 아니며 진실의 세계에서의 어떠한 작용에 의한 것임을 알 수 있는 것입니다. 혹시 가식적인 자신을 알게 되었을 때 비관하는 사람도 있지 않을까 하는 의문이 생길지 모르지만, 가식적인 자신의 모습을 발견하였을 때는 이미 여래의 광명 속에 안겨있을 때입니다. 비관은커녕 기쁨과 감사의 마음으로 충만해 있을 때가 아닐까 싶습니다.

3. 무한의 생명

정토에 왕생하여 성불하는 것으로 모든 것이 끝나는 것은 아닙니다. 정토왕생은 나의 죄악과 업고(業苦)에서 일어나는 미혹의 종착점이기도 하지만 다른 한편으로는 새로운 무량한 수명과 지혜를 얻어 불타로서의 활동, 즉 중생을 구하는 역할을 시작하는 출발점이기도 합니다. 안락정토에 이른 사람은 다시 환상(還相)하여 오탁악세로 되돌아와 석존께서 하신 것과 같은 중생구제의 성업(聖業)을 하게 된다는 것입니다.

여기까지 가르침의 내용의 골자를 살펴보았습니다. 지금까지 적극적으로 잘살아왔다고 믿고 살아왔던 당신의 인생은 실은 소극적으로 죽지 못해 살고 있거나 아님 거의 무의식적이고 기계적으로 지내고 있지는 않은지요? 길게는 백년도 못사는 우리의 인생을 육체적인 죽음을 종착역으로 맞이하기에는 너무도 귀중한 나의 인생이 아니겠습니까? 그러기에 지금의 생을 마지막으로 하루속히 성불하여 중생구제를 할 수 있는 출발점으로 생각하여야 할 것입니다. 어떠한 삶이든 우리는 죽음을 맞이하게 됩니다. 석존의 거룩하신 가르침에 따라 누구나 쉽고 빠르게 성불할 수 있는 길을 오늘 지금 이 순간부터 바로 시작해야 할 것입니다.

나무아미타불! 나무아미타불! 나무아미타불! 합장

정토문은 불법의 특별법문으로
부처님의 자비원력에 의지하여
업을 지닌 채 윤회를 벗어난다
여래께서 49년간 설법하신 일체 대소승 법문은
모두 자력에 의지하여 수행을 시작하기가 매우 어렵다.
단지 염불법문만은 오로지 아미타부처님께서 자비서원으로
섭수하시는 힘과 수행인이 믿음을 내어 발원하고
지성심으로 억념憶念한 힘에 의지하는 까닭에 감응도교를
언어 이번 생에 생사윤회를 끝마치고 도업을 성취한다.
-인광대사
여산 동림사의 동림대불

붓다의 진실한 가르침

1판 1쇄 펴낸 날 2021년 7월 14일
법문 성진스님 엮음
발행인 김재경 **편집** 김성우 **디자인** 최정근 **영업** 권태형 **제작** 경희정보인쇄
펴낸곳 도서출판 비움과소통
경기 평택시 목천로 65-15 송탄역서희스타힐스 102동 601호
전화 031-667-8739 팩스 0505-115-2068
홈페이지 blog.daum.net/kudoyukjung **이메일** buddhapia5@daum.net
출판등록 2010년 6월 18일 제318-2010-000092호

ISBN 979-11-6016-077-2 03220

경전을 수지독경하거나 사경하거나 해설하거나 유포하는 법보시는
한 사람의 붓다를 낳는 가장 위대한 공덕이 되는 불사입니다